Jonas MAKI BUSHA

L'AVERS ET LE REVERS DE LA VIE

Jonas MAKI BUSHA

L'AVERS ET LE REVERS DE LA VIE

RECUEIL DES POÈMES

Éditions Muse

Imprint
Any brand names and product names mentioned in this book are subject to trademark, brand or patent protection and are trademarks or registered trademarks of their respective holders. The use of brand names, product names, common names, trade names, product descriptions etc. even without a particular marking in this work is in no way to be construed to mean that such names may be regarded as unrestricted in respect of trademark and brand protection legislation and could thus be used by anyone.

Cover image: www.ingimage.com

Publisher:
Éditions Muse
is a trademark of
Dodo Books Indian Ocean Ltd. and OmniScriptum S.R.L publishing group

120 High Road, East Finchley, London, N2 9ED, United Kingdom
Str. Armeneasca 28/1, office 1, Chisinau MD-2012, Republic of Moldova, Europe
Printed at: see last page
ISBN: 978-620-4-96458-4

Remerciements

Au seuil de ce recueil des poèmes, l'auteur souhaite exprimer sa gratitude au Très-Haut, pour tout ce dont il l'a gratifié. À l'orée du présent parcours, l'auteur désire témoigner sa reconnaissance à M. Boniface MOSE ANOLI, Professeur Associé qui, préfaçant cette plume, l'encouragea avec enthousiasme et fidélité : son attention concourt assurément au succès de desseins littéraires parfois ambitieux.

Que sa gratitude s'adresse encore à Mme Silvia FRUNZA qui accueille ce volume dans les éditions qu'elle dirige : sa confiance et sa patience ont réellement contribué à la réussite d'un projet amorcé en des temps difficiles.

Il adresse aussi sa gratitude à M. Valérien DHEDYA BUNGANDE, Professeur Emérite, pour des formations appropriées reçues dans le cours d'un Séminaire sur la poésie, à l'Institut Supérieur Pédagogique de Bunia.

Que tous les membres des Corps Académique et scientifique de l'Institut Supérieur Pédagogique de Bunia rencontrent à travers ces lignes, les lettres de leur noblesse.

Un cachet spécial s'adresse enfin à Constantin KAGU et à tous les écrivains du cercle « LES CONSTARS », initié en 2021 dans la collection *Africa Poésie Project*, réunissant les jeunes auteurs Africains du top talent dont: Bénin, Cameroun, Côte d'Ivoire, Congo Brazzaville, et la RD Congo.

Avant-propos

« C'est toujours en attendant que nous lisons, mais en attendant, lire est nécessaire » (Jean-Louis Chrétien). « Ce désir de la littérature peut être d'autant plus aigu, plus vivant, d'autant plus présent que je puis précisément sentir la littérature en train de dépérir, de s'abolir : dans ce cas, je l'aime d'un amour pénétrant, bouleversant même, comme on aime et on entoure de ses bras quelque chose qui va mourir » (Roland Barthes, *La Préparation du roman*, 1978-1980)

L'œuvre littéraire s'édifie sur trois piliers – le monde, l'humain et l'image. Elle les réunit par une écriture singulière qui en forme le fondement. Ainsi devons-nous, par son billais, envisager le réel, les êtres et le songe en une profondeur qui nous fait connaître et aimer la finitude.

La littérature, reflet d'une société, se veut dorénavant une authentique expérience de la vie dont le sens peut être apprivoisé par un imaginaire figuratif et symbolique permettant de saisir de manière plus claire et plus synthétique la marche obscure du quotidien. La présentation de ce recueil entend dès lors scruter la transfiguration des choses opérée par l'art – tout ce que nous pensions connaître se trouve alors métamorphosé, grâce à l'invention et au style de l'auteur et à l'imagination du lecteur, en de surprenants motifs que nous pouvons méditer – avec la certitude que les piliers que nous avons nommés communiquent naturellement entre eux et que les parties que nous avons distinguées se croiseront surtout avec profit.

Il conviendra donc d'entrelacer incessamment les analyses pour parvenir à une vision cohérente de la lecture fluide. Les beaux vers sont ceux qui s'exhalent comme des sons ou des parfums. Tous les vers excellents sont comme des impromptus faits à loisir. On peut dire de ceux qui ne sont pas nés comme d'eux-mêmes, et sortis tout à coup des flancs d'une paisible rêverie : *Prolem sine matre creatam*. Ils sont tous quelque chose d'imparfait et d'inachevé. Mais il convient surtout de réaffirmer ici que les œuvres littéraires sont un art de l'incarnation. L'occasion d'apprendre à mieux lire ne doit au fond jamais nous quitter.

La poésie construit avec peu de matière, avec des feuilles, avec des grains de sable, avec de l'air, avec des riens. Mais qu'elle soit transparente ou solide, sombre ou lumineuse, sourde ou sonore, la matière poétique doit toujours être artistement travaillée. L'esprit n'a point de part à la véritable poésie ; elle est un don du Ciel qui l'a mise en nous ; elle sort de l'âme seule ; elle vient dans la rêverie ; mais quoi qu'on fasse, la réflexion ne la trouve jamais. La poésie est ce qu'il y a de plus réel, c'est ce qui n'est complètement vrai que dans un autre monde. La poésie, pour peu qu'on veuille descendre en soi-même, interroger son âme, rappeler ses souvenirs d'enthousiasme, n'a pas d'autre but qu'elle-même ; elle ne peut pas en avoir d'autre, et aucun poème ne sera si grand, si noble, si véritablement digne du nom de poème, que celui qui aura été écrit uniquement pour le plaisir d'écrire un poème. La poésie ne peut pas, sous peine de mort ou de défaillance, s'assimiler à la science ou à la morale ; elle n'a pas la Vérité pour objet, elle n'a qu'Elle-même.

Il faut avoir innée la puissance du rêve ; on éduque, on renforce en soi celle de la pensée. Mais, s'il s'agit de la poésie, où irons-nous chercher sa précieuse et rare matière si ce n'est aux bords vertigineux de précipice ? Que nous intéresse-t-il davantage, la réussite d'un arrangement convenu, plus ou moins subtil et ingénieux, des mots, ou les échos profonds, mystérieux, venus on ne sait d'où, qui s'animent au fond du gouffre ? Le rêve du poète est l'immense filet aux mailles innombrables qui drague sans espoir les eaux profondes à la recherche d'un problématique trésor.

Bonne lecture à vous tous qui allez explorer ce recueil afin d'en définir votre horizon d'attente !

Auteur.

Préface

Au moment où l'auteur du présent recueil me proposait ce service combien délicat de pouvoir le préluder par une préface, ce n'était sans craintes et embarras que je donnais mon consentement. Non parce que les prédispositions pour un tel service fassent défaut, mais puisqu'il s'agissait de préfacer un recueil des poèmes qui exige certaines qualités qui ne dépendent pas seulement des aptitudes en rhétorique et en Lettres, mais qu'il faille encore en outre avoir été gratifié par la nature d'un tel don ! En effet, on naît poète, on ne le devient pas ; car pour la rhétorique il suffit de s'initier à quelques arcanes artifices, alors que le poète, lui, parle avec le cœur et sait se rendre complice de la nature. Mais en outre, l'intitulé en soi, pour autant qu'énigmatique « L'avers et les revers de la vie », porte sur cette réalité complexe aux multiples facettes qui ne se laisse dompter par des théories, mais qui est l'être là, la vie. Autant dire que pour l'apprécier il ne suffit pas de s'armer des théories, mais il faut en outre aiguiser les sens. Nonobstant ces carences, j'ai accepté volontiers de rendre ce service, moyennant cependant quelques concessions, dont une bonne dose de compréhension et de clémence.

Jalonnée de hauts et de bas, d'avers et de revers, la vie est cette réalité où s'alternent par nécessité l'agréable et le désagréable, l'heureux et le triste, la joie et le malheur, etc. Obéissant seul au destin et aux lois de la nature qui l'inclinent et la réclinent au gré du hasard se moquant de tout calcul d'anticipation (p. 66). La vie se vit tout simplement et n'a pas besoin de tant des théories sinon d'une bonne dose de sagesse. Comme disait un philosophe il faut toute une vie pour apprendre à vivre, autant dire qu'il faut toute une vie pour entrer dans le mystère de la vie elle-même. Il faut de même toute une vie pour apprendre à mourir, pour autant qu'elle est brève et que l'art est long (Cf. Sénèque). Aussi il faudrait chercher à valoriser au maximum la fraction de celle-ci qui nous est gracieusement accordée par son Auteur. Et ceci sans pour autant dramatiser la face sombre, car celle-ci, sans être une fatalité en est le revers tout simplement. Une face quasi nécessaire, opposée de l'autre face de la même médaille ; car elle n'est pas du tout monolithique ou homogène. Nécessaire, mais pas du tout une fatalité, car l'homme peut faire prévaloir une face par rapport à l'autre, selon qu'il l'alimenterait le mieux ou de l'optimisme ou du pessimisme, soit des vertus ou des vices dans son engagement. Cependant, si large et si complexe soit elle, elle veut pour la cerner tant soit peu, le concours de tous dans la complémentarité et le partage mutuel des expériences propres, et cela dans une générosité désinvolte. C'est sans doute le cas de l'auteur du présent recueil.

La vie est ce don gratuit pour lequel soi-même on n'a rien dépensé ou versé pour l'avoir. Donnée par la participation des parents au dessein libre du Créateur, sa providence et le hasard du destin y ont une large part. Il convient donc tout simplement de la recevoir, de la soigner et de la transmettre à son tour comme on l'a reçue, comme pour une femme en Germanie à en croire Tacite où « Ce qu'elle reçoit, elle le rendra intact et pur à ses enfants, ... » (Tacite, *Germania*, XVIII).

L'auteur du présent recueil, à l'en croire, l'a si pertinemment perçu, tel qu'il nous en offre son expérience personnelle dans les différents poèmes. Il voudrait que plusieurs perçoivent ce qu'il en a perçu, qu'ils en tirent une leçon propice, qu'ils s'en assagissent, s'en émerveillent, s'en enrichissent, etc. Pourtant, le levier-moteur et le condiment principal en est l'amour. L'amour la colore d'optimisme pour la rendre agréable.

Certains chants n'en sont pas du reste dans le présent recueil à travers des vers et des strophes. Oui, le fruit mûr de ce télescopage est l'avers et les revers qui disent tout dans un sens plein de réalisme sans illusionnismes creux et sans témérités pour exhorter à l'amour de la vie.

La vie dans sa naturalité, telle que la peignent dans son essence les chants du poète, est colorée par chaque milieu où elle est menée et ceci lui donne une particularité unique ornée du paysage multiforme de la nature (p. 20). Et non seulement, mais aussi elle est belle, douce, agréable puisque vécue en symbiose avec la beauté et l'élégance de la nature elle-même. Cependant, quoi qu'il en soit, la vie n'est pas du tout une pièce où tout est joué d'avance (p. 23). Il faut la garder délicatement et la mettre en élan au moyen d'une éducation soignée, etc. La vie est colorée et chantée également par l'amour et c'est la personne aimée qui aide à extérioriser la vie (p. 25), et au plus fort, c'est l'amour qui stimule la vie (p. 30) en lui donnant des orientations les plus diversifiées. C'est aussi l'amour qui lui donne force (p. 34), l'augmente, l'assaisonne, la colore, la rend bonne, agréable, douce, etc. (p. 40).

Le revers de la vie s'ouvre avec les différentes déceptions qui jalonnent la vie et transparait à travers la perte d'éclat et le ternissement de la beauté naturelle par la vétusté, son affadissement jusqu'à devenir insipide, amer, désagréable, invivable à cause des événements comme la guerre et autres cataclysmes. Ces revers de la vie qui la plongent dans les tourments et les nostalgies. Au sommet de tout, la mort, qui est le plus grand revers de la vie (p. 63 s) éloigne infiniment l'horizon des jours nouveaux et meilleurs. Infiniment troublée par des atrocités de tout bord et par manque de vraie paix (p. 84 s).

Quoi qu'il en soit, le ton final n'est pas du tout à la résignation, mais plutôt à l'harangue et à l'optimisme pour dresser les fronts et regarder haut. En effet, « Il sonne… Il sonne le réveil … ». Et de fait, la vie est un combat qu'il faut mener avec détermination et dans un plus grand réalisme. Aux jours d'avers, il faut savoir la cueillir avec jubilation, exultation et euphorie ; aux jours de revers, la porter avec courage, bravoure et sérénité.

Boniface MOSE ANOLI,

Professeur Associé.

Première partie

L'AVERS DE LA VIE

« Le poète doit-être un voyant, un illuminé » Rimbaud

LE POETE

Il rêve
Dans les airs splendides,
Dans les sombres gouffres,
Au fond des ondes paisibles.

Il voit
Dans l'azur, mille souffles ;
Dans les prairies, mille oies ;
Dans l'ombre, une lueur fine.

Il rassemble
De l'air, les métaux,
Avec la lumière ou des sons,
Avec du fer ou du marbre.

Il fabrique
Avec des briques ou de l'argile,
Avec des paroles lumineuses,
Avec de l'or brillant.

Il souffle
De sa bouche, les mots chauds ;
De ses nerfs, le souffle de son âme ;
Des mots subtils et pénétrants.

Il parle
Aux peuples avalés par l'abîme ;
Aux peuples d'ici-bas et de là-haut ;
Aux hommes et aux esprits.

Il entend
La voix qui ne s'entend ;
Les sons d'un monde magique ;
Le souffle qui le réanime.

Le poète
Bon rêveur sacré,
Roi de l'azur infini,
Lumière dans les ténèbres.

« No woman, no cry » Bob Marley

QUI EST-CE

Cette motte vivante,
vomissant le souffle chaud ;
un fleuve aussi blanc que rouge,
blanc et rouge des flèches,
volées à l'assaut d'un vide ;
silence, crispation ;

Hiver ou été agonissant,
Naissance automnale,
avalée d'un doux printemps,
mais agonissant ;
crispation, hurlement ;

Ce baobab, des flèches, dissimilant
aux agacements lumineux ;
gifles, rafle de chaleur,
silhouette gisant inféodée,
caressant la terre ;

Cette tache vivante après son envol,
baignée, s'oubliant éperdument ;
rafle d'abattements dans l'azur ou l'onde ;
Journées à déminer ;
Nuits à animer ;

Cette ceinture habillant l'univers,
dardant les fruits d'Eden,
vendant le charme,
verdoyant les âmes,
berçant Adam,
historiant les caliches vivants ?

"There is no place like home"

LA VILLE DE BUNIA

A l'aube, je me lève, et je sors de la ville
Le trottoir de la rue est sonore à mon pas
La première lueur éclaire les vielles tuiles
Et les sentiers étroits sont bordés de Chats.

Le long des murs moussus que lorgnent mes yeux
Un étrange écho me suit et me devance
Et le pavé pointu mène au chemin boueux
Qui commence du faubourg et mène à la bourgade.

Et la voilà au bas fond des mille collines
D'où l'on voit, au soleil et couchée à ses pied
Mille herbes paysagées aux douces eaux marines
Ô douce ville aux toits merveilleux et rouillés !

La voilà, splendide et chaude. Sa parure
Mainte fois chantée, luit aux étranges éclats
Ma ville, ô quelle belle villégiature
Au cœur d'une cité saturée de prélats !

Dans l'air limpide, doux, caressant et sans brume
Par son doux paysage, elle charme si bien
Et dans ces artères où l'on fond des enclumes
Les enfants poussent des cris bien aigres et doux.

Ville tant convoitée pour son magnifique sol
Ville aux multiples eaux douces et limpides
Ville aux gaies montagnes et garnies de beaux cols
Ville aux quatre saisons, aux sources insipides.

Au soir les clairières dégagent un doux parfum
Quand, au crépuscule, souffle la douce brise
Lorsque le romarin partout sent bon parfum
Parfum exotique convoyé par la brise.

« La vie est un rêve, mais rêver n'est pas vivre ».

DANS MON LIT...

Dans mon lit, doucement allongé
Aux yeux bien clos
D'où me conduit à volonté
Sur un nouvel univers
Mon subconscient ensoleillé
Je contemple un paradis...

Un beau jardin, balayé d'une brise
De si magnifiques créatures
Aux éclats éblouissants
De fleurs parfumées
Aux couleurs vives
M'hypnotisent encore sans cesse.

Je t'ai vue, ma Rose
Aux habits auréolés
A la splendeur infinie
M'ouvrir le portail
Et d'une embrassade électrique
Mes chaudes lèvres collées aux tiennes
Puis d'un bond subtil
Un étrange sursaut me réveilla !

« La nature offre à la fois ce qui nourrit le corps et le guérit, émerveille l'âme, le cœur et l'esprit »

LA DOUCE NUIT

Voilà le roi s'endort
Et la nature s'obscurcit
Les bateaux regagnent les ports
Sans nul circuit.

La brise vespérale me caresse la peau
Et m'enivre d'une nouvelle nostalgie
Ô douce nuit berçant les corbeaux
Et promet me noyer dans une léthargie !

Ô azur gâté de reine
Ô reine qui dissuade l'obscurité
Quelle beauté de la lune luisant sans peine
Adieux sombre obscurité !

Je vois la reine qui petit à petit
Couronnée d'une voile épaisse
Et souriante à tout son peuple aguerri
Monter joyeuse sur son char épais.

Sur terre, la joie immense
Abonde tous les villages joyeux
Qui dansent en cadence
Des tambours au clair de lune merveilleux

LA BEAUTE MATINALE

L'aube disparaît
L'aurore renaît
La nature s'ouvre
Et que va-t-il suivre !

L'azur, d'un bleu clair
Chante dans les airs
Les belles notes musicales
Et d'agréables chansons tropicales.

Oh roi de l'azur
Aux rayons si purs
A la beauté jaillie du pinceau
A travers mille vaisseaux

Réveille les moineaux
Et rappelle les corbeaux
Partout des beaux chants
Chants mélodiques et alléchants.

Les hommes se réveillent
Les bêtes s'émerveillent
Partout de beaux chants
Chants mélodiques et alléchants.

J'entends dans les filaos
Comme un doux chant des griots
Au peuple martyrisé
Siffloter les alizés.

J'entends dans les prairies
Le sifflement de mille herbes
Et des sons si doux des colibris
Chantant les vers de Malherbes.

La nature s'est adoucie
De la rosée matinale
Feignant alors mille circuits
Des rayons caressant Viminal.

La nature s'est parée
De mille fleurs rosacées
Et les oiseaux aux beaux cols
Simulant un nouvel envol.

Les végétaux fleurissent
Et la rose éclot
Au son de la lyre d'un Griot
Emerveillant des métisses.

Ô ma fleur ! ô ma Rose
Détends-toi de mon souffle
Et laisse ton nez qui renifle
Inhaler ce parfum de rose !

Je chante la nature

Aux sons de ma lyre

Que tous peuvent ouïr

Et revêtir d’une belle parure.

« Ecoutez la chanson bien douce
Qui ne pleure que pour vous plaire »
Paul Verlaine

MELODIE

J'irai où me mène la vie
Par un chemin étroit ou épais,
Eclairé de rayons sans répit
Dans les airs et les nuages épais.

Tu iras, ma douce reine
Sans nul appoint, dans les airs
Blonde et belle sans pareil
Loin d'ici, loin du calvaire.

Il ira, comme dans un rêve
Evaporé, comme une fumée
Tremblant sans nulle trêve
Mille fois par l'orage balayé.

Nous irons comme les saints
Dans les firmaments blancs
Tous, excepté les assassins
Devant l'Archer sur un trône blanc.

Vous irez, loin de ce monde
A travers les champs des roses
Etalées sur une vaste onde
Univers sans humeur morose.

Ils iront tous vaincre
Dans les abîmes, ce monstre
Que de leurs aiguillons massacrent
Les vaillants anges sur des rostres.

« Love is the purest form of a soul at peace »
L'amour est la forme la plus pure d'une âme en paix. Matthew Donnelly

POUR EUGENIE

Vous demandez pourquoi l'amour me charme tant
Et pourquoi mes doux vers vous charment tant ;
Nulle divinité ne vient forger mon génie,
Polymnie qui m'inspire est ma seule Eugénie,
Toujours présente dans les prunelles de mes yeux.
Je gratte sur ce rouleau un livre gracieux ;
Je vois de sa chevelure dorée flotter libres les tresses
Et sa beauté dans mes vers puise d'autres ivresses.
Quand ma lyre de fée résonne sous ma main,
Je l'admire, ébahi de son charme divin.

Quand, cédant au sommeil, se referme sa paupière,
Ses rêves amoureux l'enveloppent de crinière ;
J'écris, comme Homère, une Iliade nouvelle
Qui ne peut être chantée que pour elle.
Et si je recevais d'Apollon un génie assez grand
Pour chanter la félicité de Pénélope riant,
A la vue d'Ulysse, l'admirable vainqueur,
Quels grands combats non sans douleur,
Je ne chanterai point les Titans exilés,
Ni de flasques épaves décorant les mausolées !

Ni Ukraine à la gueule béante
Ni Russie aux bombes lancinantes
Et rivalisant l'une et l'autre,

Gigantesque combat qu'ignore Sarraute
Dans ses beaux écrits quasi languissants,
Je dirai César aux hauts faits écrasants.
J'associerais Auguste à ce bel éloge
Et Eugénie, chantée et parée comme une rose,
Respirant splendeur dans ces doux vers,
Si ma poésie était chantée par les Trouvères.

Je serai ici et là son supplément
Quand, dans mon cœur, sa lumière luira lent,
Et son corps charmant baigné d'élixir
Sous le sapin assiégé par le souffle du zéphyr.
Je ferai d'elle, sous mon toit, ma muse
Et de tout génie féérique dont j'use
Son corps électrique ne cédera à Chimère
Ni Jupiter ou Mars à bord de leurs galères
Ne pourront soudoyer Etna vomissant
De sa gueule, un souffle toujours puissant.

« Diviniser n'est pas détruire, mais surcréer ».
Teilhard de Chardin

LA MUSE

Je veux te chanter,
Ma séduisante rose ;
Je veux te parer,
Ma rayonnante rose.

Viens, mon cœur amoureux
Dans les bras qui te sont chers
Et laisse-moi pénétrer dans tes yeux,
Rayonnés de métaux chers.

Et quand mes bras palpent à loisir
Ton corps de sa taille élastique
Et que du parfum de Tyr,
Mon être subit un choc électrique,

Je suis littéralement paralysé
Et noyé dans un rêve hypnotique
Me métamorphosant à une bête ailée
Renvoyée par douceur de ta main analgésique.

Ta peau si douce
Telle la brise vespérale
Caressant l'herbe douce
Ô beauté royale !

Ta longue chevelure dorée
Me fait rêver le soleil couchant
Toi seule es ma préférée,
Aux appâts alléchants.

Les rayons de tes yeux
Réaniment mon cœur asphyxié
Et épaississent mon visage émacié
Et m'éloignent du gouffre creux.

Quand tu fermes les yeux
Tout devient noir
Et malgré la splendeur du manoir
Tu séduis les dieux.

Ta voix de bergeronnette
Résonne telle une fine clochette ;
Et ta main féérique caressant ma poitrine
Séduit encore les misogynes.

Et de la tête aux pieds acérés
Un air subtil, un puissant parfum
S'évapore comme celui d'un dauphin
Et nagent autour de ton corps nacré.

Ta lente démarche de la lune
Qui majestueusement s'effondre
Dans les nuages épais et sombres
Comme dissimulant une grande fortune

J’suis épris de toi, ô molle enchanteresse
A la beauté si étrange et rayonnante
Ma Rose et ma douce charmante
Qui me délivre d’une détresse !

« L'amour c'est l'occasion de mûrir, de prendre forme, de devenir soi-même un monde pour l'amour de l'être aimé » Rainer Maria Rilke

AU JOUR DE TES NOCES

Je voudrai te chanter au jour de tes noces
Ô molle enchanteresse, à ce jour
Où ta beauté s'allie luisante au jour ;
Quel splendide éclat au jour de tes noces !

De tes yeux enflammés, soudoyant Colosse,
Un amour vif allume tes rayonnants yeux
Adorable Muse envoutée par les dieux
Reçois ces perles en ce beau jour de tes noces.

Un jour ensoleillé car le ciel sourit
De ta beauté qui réchauffe la nature
Parée, tu séduis d'agréables créatures
Au cœur d'une si grande cérémonie.

Ta tête couronnée d'un beau soleil levant
Eclaire une foule autour de toi assemblée
En ce jour choisi pour belle hyménée
Ô Muse, à ce jour à la robe élégante !

Majestueusement, avance vers ton roi
Qui de l'éternel Olympe vers toi descend
Et au milieu d'invités en habits décents
Pour cette rencontre et t'emporter sous son toit.

Sois heureuse pour ce précieux voyage
A bord d'un char si majestueusement paré,
De mille parts, escortée d'une grande armée
Campée et bien affermie sur ce beau paysage.

« La beauté vertueuse a droit à double hommage »

A LA PLUS BELLE…

Une vague de solitude me harcèle
Comme une ombre égarée
Je ne veux d'ors et déjà plus être effaré
Sur le rail de ton doux amour qui étincelle.

De mon profond tourment
Je porterai la certitude
De ma profonde inquiétude
Je me condamnerai à mon propre jugement.

Une joie rose m'engloutit
Une voix angélique loue ta beauté
Beauté qui, de pinceau, jaillit
Et me berce dans une admirable tranquillité.

Je m'envolerai dans les airs de ton amour si doux
Rien n'engloutira cet amour recherché et éternel
Tu es ma fleur et mon parfum si doux
Tu es ma rose, mon miel et mon destin éternel.

Ainsi Amour inconstamment me mène
Et me tourne les pensées vers toi
Et je me trouve hors de peine
Et à l'abri d'une maison sans toit.

Mes yeux pleins de toi te regardent encore
Et je m'éveille à ta splendeur
Et je te contemple comme une fleur
Quand mes yeux s'éveillent dès l'aurore.

Mes yeux aujourd'hui
Ne te distinguent de la lumière
S'ils ne séparent ton sourire
De ta créature royale et inouïe.

Ta voix de princesse me réanime
Quand je me sens dans le gouffre de solitude
Tu es la tendre créature qui redresse mes aptitudes
Quad nos mots amoureux sont unanimes.

Pardonne-moi, si à tort je te cherche
Dans le soleil, ou si ma bouche
En souriant, sans le savoir
T'atteint dans la fraîcheur du soir.

Pardonne-moi, si je crois être
Près de toi-même où tu n'es pas,
Si je te cherche, toi, cet être
Qui, sûrement, reposes dans mon cœur.

« Omnia vincit amor »

L'AMOUR IVRE...

Encore sur une merveilleuse plage
Les yeux dans les yeux
A l'affût de tout brassage
Dans un univers moins odieux

La plage rayonnée du soleil couchant
Vaste, lumineux et somptueux comme un dard
Enveloppé d'étranges corozo alléchants
Rappelle un vaste filon d'or

Je viens souffler dans ma flûte
Un amour ivre qui nous noie
Aux sons si majestueux de mon luth
Qui berce et attire l'oie.

Devant la mer si calme
Et aux doux chants aviaires
L'amour submerge par de fines alarmes
Et nous réchauffe du froid polaire.

Ô ma rose, je ne puis être solitaire
Ma Blanche et ma réanimation
Ensemble assis sur le calcaire
Je te chante cette adoration.

Quand disparaîtra le soleil

Alors renaîtra notre amour

Et durant ces nuits de lune sans pareil

Je chanterai encore notre amour.

ME VOICI, SEIGNEUR

Exilée d'un pays lointain
Essoufflée des courses mondaines
Seigneur, je viens chez toi
M'abriter sous tes beaux toits.

Le ciel d'un bleu clair
M'a laissée pénétrer ce paradis
Aux sons des cloches étourdies
Et m'élance tel un éclair.

Sur les perrons j'ai dû partir
Sans moindre idée de revenir
Evitant d'autres allées
Des gens aux visages émaciés.

J'ai fui ce pays bordé de lupanars
Où des catins pillent des dollars
Pays bordé de mille tours
Où à long trait on boit l'amour

Ô Sodome, ô Gomorrhe
Un vieux parfum sans nectar vermeil
Obnubilé d'un calcaire d'or
Un gouffre ennemi du sommeil

Bercée dans une houle
        Mon âme et mon esprit fin
Dans une tour où coule
        Une mer de sacré vin !

Me voici, Seigneur
        Dans cette splendide demeure
Où candeur et bonté
        S'allient à ta majesté.

PRINCE ENVOUTE

Bientôt ensoleillé, le ciel bleu
Prêchant ma piscine bleue
Et mes jardins printaniers
J'entends un bébé crier.

Partout des sons de cloches
Et des tremblements louches
Des chevaux à la housse veloutée
Volaient, tel à l'assaut de Pélias, Médée.

Tel à Rhodes, le Colosse charmant
Des effigies au visage séduisant
D'un nourrisson aux jours fastes
Des mages s'avèrent enthousiastes.

Des chants scandés au sacre d'un roi :
Harpe, clochettes et trompettes aiguës
Au cœur d'une marée d'hommes éperdus
Accueillent un prince tout sournois.

Quel éclat lié à ta jouvence
Ô mystérieux prince aux yeux bleus
Rayonné de ta parure tout bleue
Je t'admire dans ton précieux silence !

Tendre gâtisme à l'essence effrénée
Ô majestueux prince au royaume glorieux
Quelle splendeur dardant les hommes curieux
S'allie à ton appétit encore fané !

****

Bientôt dans mes lâches bras sauter
Un tendre dieu si chèrement couronné
Au visage luisant d'étrange grâce
Laisse-moi, sur tes souples pas, suivre tes traces.

Dès l'aube de vie, lumineux
Le soleil, de ton éclat, s'est nourri
Et sur nous, ses rayons affermis
Vomissent son appât fabuleux.

Vêtu de ta majesté, ô infinie splendeur
Viens t'abreuver de cette eau fraîche
Puisée de l'abreuvoir de mon cœur
Et t'en enivrer à la saison sèche !

Viens, de cet océan solitaire
Pêcher la race qui t'est chère
Par de précieux mots de Voltaire
Et te réchauffer de canicule légère.

« L'amour n'est pas seulement un sentiment, il est un art aussi » Honoré de Balzac

L'AMOUREUSE

Mains plantées dans mes épaules
Ses cheveux dans les miens flamboyants
Elle me dessine de ses yeux
Elle me colore de ses mains
Et m'électrocute de ses seins
Et m'engouffre dans l'ombre de ses yeux
Comme la lune dans les nuages sombres
Comme le soleil dans l'azur orageux.

Ses yeux toujours ouverts
Même dans le terrible ouragan vert
Apporté d'un monde chimérique
Me fusillent fort dans mes rêves
Et éteignent encore les soleils
Sans pitié, sans pleurer, sans rire
Et parlent sans avoir rien à dire.

Je fis un feu, loin du soleil
Un feu de loin caniculaire
Un feu dissuadant l'âpre hiver
Un feu, pour vivre mieux à deux.

Je rêve, perché sur une montagne
Escorté de mille roses blanches
Caressées de doux vent oriental
Mais embrassé d'une reine rose.

HYMNE A LA BELLE…

Si l'on grise mieux l'opium
Nul ne suit le consortium.

Le sort en sera-t-il bon
Regimber devant cet aiguillon ?

Voilà qui n'est pas mon lot, une loterie
Qui garnit bien des tapisseries.

Tu veux bien me lire
C'est bien de te le dire

M'enchante beaucoup
Le long des houx.

Je m'envolerai dans le rêve de midi
Sans ruminer ce que ma bouche dit.

Le soleil qui se fige dans sa houle
Me berce dans des rêves qui s'écoulent.

La cime de mon cœur
Voilà ma Vraie Douceur

La rosée qui m'arrose
Comme la pluie sur une rose.

La nature splendide
S'écœure des êtres sordides.

Je rêve, de mon sommeil, le Millenium
Bonheur rêvé dans mille consilium.

Le lion, nouveau compagnon
S'évertuera comme l'aigle d'Avignon.

Viens, ma tendre chérie
Dans les bras que tu chéris.

Mon ombre exilée autour de moi
Accuse le soleil solitaire de ce mois.

L'arbre à midi plein de neige
Le soir, n'est plus mon siège.

Hiver, réchauffe ton roi
Fais-moi un peu m'habituer à toi.

Tu déballes ta pacotille
Sur les mornes des Antilles.

Tu es un clown, un toréador
Ta froideur est celle d'un port.

Hiver, je supporte les coups
Tes coups fatals sur mon cou.

Là-bas haï, ici aimée

J'aime ton bel hyménée.

« Sapienter vitam instituit; namque hoc tempore
Obsequium amicos, veritas odium parit » Térence.

DANS LES BRAS DE SAMSON

Immobilisée dans les appâts de ton amour
Me voici, tendre Samson, sans résistance
Dans les bras d'un dieu plein d'humour.

Fais-moi boire la coupe de ta vaillance
Moi, cette proie baignée de chaude sueur
Dans les arènes d'un palais sans remontrance.

Ton bras est comme un roc couvert de rougeur
Un torrent chaud s'élance au moindre jeu violent
Tel dans la gueule d'un caïman, un rongeur.

Du fond de tes yeux chauds flambent des feux ardents
D'un doigt convulsif, tel un jaguar sauvage
Qui remue la poussière et me fixe mordant.

Sur le cuir rougi de ton langoureux visage
Se lit mauvais augure, comme âpre calvaire
Toujours vécu, plus fort au cœur du même orage.

Veux-tu dormir cent nuits dans l'antre noir ouvert
Dans les gorges de Pyrénées aux puits sans onde
Où ne souffle ni vent dans le feu du désert ?

En cet instant impur où le malheur abonde
Mon roi me flagelle d'un fouet étincelant
Qui me propulse dans une course vagabonde.

Quelle peine dans ces bras velus agaçant
Au prix de nul appoint à cette entreprise
Sans mettre à terre un pied grandement menaçant ?

Lentement envoutée par une tiède brise
Lentement me berce encore tout blême d'effroi
Et cherche à m'enivrer d'une crise.

Immobile, appuyée contre l'humble paroi
Seul, un rugissement a trahi mon étreinte
Bien engouffrée dans les vaillants bras de mon roi.

DIS-MOI LA VERITE

Dis-moi, Amour, le vrai secret de ta vaillance
Dis-moi, mon roi, la potion qui te rend si fort
Pardonne-moi si mes verbes t'acculent à tort
Pardonne-moi si à tort j'allume ta vengeance.

Mon cœur, de ses fous battements irréguliers
Brûle à fond dans les sphères de tes yeux luisants
Mes nerfs s'évertuent d'un bon drainage de sang
Je me noie à volonté dans ton abîme séculier.

Si dans ta geôle mon cœur est si emprisonné
Si ma beauté dans tes bras, encore confuse
J'inocule en vain l'antidote qui te frise
Pardonne-moi si à tort mon cœur t'a dompté.

Dis-moi, mon roi, ce monstre qui broie les Philistins
Ce baobab que n'égale la force d'Hercule
Dis-moi ce pouvoir affaissant la canicule
Ou n'es-tu pas de ce monde, mais du Malin ?

Le dire ? Ou ma silhouette derrière ta porte
A jamais disparaîtra, à jamais s'en ira !
Dis-le-moi, et de ma vie, nul ne le saura
De ma vie, ne t'envoutera nulle cohorte.

MA DELILA…

Depuis que ton cœur m'a dompté, ma Delila
En cherchant sur le sol les traces de ton pan,
Etrange muse aux éclats flamboyant, mon paon
Dans mes bras, mon cœur serein t'envie, Delila.

Importuné par tes instances, Delila
Mon cœur bien vendu s'impatiente à la mort
Ô ma brise, toi qui seule ventile mon corps
Dans les étés qui m'embellissent d'Orléans !

Ma tresse ; oui, ma tresse depuis ma venue
Ne vit point de rasoir, et comme convenu
Sinon, je m'envolerai, lâche sinistré.

Tu as ma parole, Delila, douce Rose
Dans tes vibrantes mains mon sort bon ou morose
Se dessine un probable voyage éternel.

Deuxième partie

LE REVERS DE LA VIE

Ne vous laissez pas faire, prenez le contrôle de votre vie et devenez responsable de vos actes

L'AGONIE D'UN NAÏF

Soudain, j'entendis bien des chevaux se cabrer
D'horreur, devant ce spectre, ivre je courais
Epouvante au flanc, mes bourreaux célébraient
Divin trophée sur un fantôme bien leurré.

Poignards, glaives, machines, contre moi s'accordent
Ils courent, comme un vol des démons dans la nuit
Le ciel sanglant m'ouvrit sa gueule à minuit
Et submergé, mes bras et mes pieds dans les cordes.

Dans la gueule des Philistins, bien dépouillé
Comme un champ d'épis murs fauchés par l'ouragan
Mon corps frissonne au cœur des chars extravagants
Blessé, mon corps, des pieds à la tête, mouillé.

Tel dans un tourbillon de poussière et de bruit
Mon corps trimballé enchaîné dans une clameur
Effaré au cœur de cortège bourlingueur
L'attelage de chariots brait mon corps cuit.

Lentement enterré dans une fourmilière
Je découvre un monde sombre, que nul n'oublie
Immobile, contre une humble paroi, s'appuie
Un misérable homme dans sa tanière.

TOURMENTS

Dans l'abîme s'affaisse mon espoir
Dans l'amer gouffre du désespoir
    S'est évaporée ma force :
    Ô douleur !
Dans les entrailles d'un vieux caïman
Mon cœur ivre languit ;
    Quel cachot du désespoir !
    Ô douleur !
Où s'est envolée ma vaillance,
Quand d'un seul ongle
Dans une épaisse jungle,
Je fais tourbillonner mes bourreaux !
Quand encore pousseront mes cheveux,
    Au-delà de la prairie sahélienne
    Je m'emporterai.
Je me vengerai, même aveugle
Je vengerai ma force
Mon estime, aujourd'hui fourvoyé
Mon destin précipité et foudroyée
Mon alliance brisée et lambrissée
Mes entrailles mitraillées
Ma progéniture engouffrée
    Quelle si âpre douleur
Dans un monde si immonde
    Où inonde la douleur !
Dans le noir abîme
    Descendront

Mes amères larmes,
Insaisissable flot
Mes larmes, fleuve noir,
Emporteront vos souvenir et avenir
Piédestal fondu
Au sanctuaire de Jupiter.

« Facile est teneros adhuc animos componere » Sénèque

NOSTALGIE

Voici épuisée par le cours des âges
Une femme qui regarde en arrière
Rappelle le souvenir d'un beau passage
Dans un univers riche en carrière.

La Rose que j'étais, flétrit
Sous les durs rayons solaires
Et injectée de rayons meurtris
Je m'incline comme un astre solitaire.

Voici un corps grignoté des âges
Epuisé par les rayons solaires
Je crie et vocifère ce carnage
Que hait et déteste Voltaire.

Mes seins jadis durs et bombés
Mais seins aujourd'hui martyrisés et flasques
Mes seins drainant les asphyxiés
Les enfants les ont mordus comme des tarasques.

Je suis bien vieille telle une rose fanée
Adieu la beauté et la fraîcheur
A bientôt j'irai dans un pays glacé
Pour chanter d'une étonnante candeur !

SOLEIL COUCHANT

La vie s'éteint calme et engendre une vie
Les atomes joyeux s'envolent et reviennent
De cette retraite, j'enfanterai une vie
Enfin, que le monde, gouffre noir s'en souvienne.

Je désire vivre ce beaux et doux printemps
Où beauté humaine s'allie à la douceur
Je chante ces vers ne sachant darder le temps
Où ce corps respire encore la vigueur

Je rêve encore la beauté juvénile
Où étrange candeur renvoie la canicule
Pendant le froid hiver où grêlent les hommes

Je tente tel Cirrus, leurs fades tentacules
M'élancer aux jets francs encore minuscules
Couvrir d'une housse blanche ma douce âme.

IL FAUT REVIVRE…

Il faut revivre et survivre
Sans piocher d'une pelle ivre
Tel un gibier à poursuivre
Sur une mine de cuivre
Sans espoir de revivre
Un bon moment qu'on dégivre
Quand Blanquette devient ivre
Comme un gros givre
Enroulé dans des livres
Pour enfin survivre.

De tout passage
Au gué d'abatage
Faut-il faire tirage
Au travers vitrage
Sans amenuiser voltage
Et alors stoppe virage
A tout verbiage
Au bon carroyage
Ô ! Quel carnage
Encore à mon passage !

LES NAUFRAGÉS

Sans pareil, une pluie torrentielle
Sur un lac aux caïmans inondé
Balloté un navire inféodé
Sommes-nous êtres sacrificiels ?

Et dans l'azur et sur mer, ballotés
Aux cris perçants et laryngés, languissants
Cette voiture navale dans la mer, chahutant
Sommes-nous sans gilets, suffoqués ?

Valse mélancolique : horreur, effroi
Dans un gouffre noir, silence sans cadence
Perchés sur l'onde et des vagues froids
Des yeux baignés des alizés qui calanchent.

Eclairs et radiations des fumerolles
Eperdus malheureux, dès l'aube aux yeux creux
En jeun voyager sur un monde piteux ;
Ô nuit noire, aux lampes sans pétrole !

Vomis sur un étang, abandonnés,
Albatros sur nos dos posés,
Nos dos labourés sous des rosées,
Halte ! Réveillés sous des cloches résonnées,

Avirons avalés, mer fêlée
Blanche colombe dans les cieux, posés
Prophétie annoncée par nouvel Osée
Nous dehors, passants engueulés.

Visages émaciés, ventres pleins
Oubliant catalan, syllabes décousues
Au secours à ces hommes longtemps vus
Au cœur des toiles, appas craints.

COMPLAINTE

Quand approche la fin d'année
Ensoleillée d'un soleil noir
Et au bombillement des Sphinx altérés
Des chars ailés grimpent nos manoirs.

Que faire ? Monter ou s'engouffrer !
Mes paires, par inadvertance
Aux vues des gaines prêtes à engouffrer
Crevettes, s'échappent sans nulle assistance.

Ma peau, vendue au prix de bravoure
Mes yeux, dardés par un soleil noir
Et l'azur ou l'onde, mon reposoir
Posé sur la tête martyrisée des troubadours.

Les hauteurs, immense cimetière
Suer la terre, valse étourdissante des bourreaux
Odeur mortelle ! Ô calvaire !
Ô malheur à bord d'un maudit landau !

Partout insécurité et calamité sans merci
Au fond d'une nuit sans lune
Partout de stridents cris
Au fond d'une forêt sans prune.

Le Temps mange la vie
La vie mange la vie
Quelle horreur
Au fond de ce grand malheur !

"I do not want the peace that passeth understanding. I want the understanding which bringeth peace". Helen Keller

VOCIFERATION

Remous et grouillement balistiques
Horreur des missiles supersoniques
Halte au culte de Mars
Et au vigile des garces !

Vous qui tuez avec obus
Vous qui pactisez avec l'enfer
L'Univers n'est pas en fer
Satan2, monstre à gueule pointue ?

Uranium, s'il est ancêtre de Satan2
Pour rendre ainsi les échanges creux
J'affectionne l'or pour refaire le monde
Au cœur d'une frayeur immonde.

Colère et crissement d'un peuple hagard
Englouti dans une fumée noire
A l'instar de grincement de Troie
Que le génie d'Achilles a fait ployer.

Satan2, est-ce pour diviniser le monde
Missiles, est-ce pour refaire le monde !
Tumulte et crispation d'une horde d'épaves
Remous et grouillement des larves !

Cris et désespoir d’une cohue creuse
Bâtie par Priam sur la cour de Creuse
Silence blafard d’un peuple désolé
Vociférant la douleur d’une ombre affolée.

DESOLATION

Au pied des Monts-Bleus
L'ombre acide me suçait
Dans les larmes vaporisant
Ivre de passion, j'étais.

Je ne voyais nulle silhouette
Et n'entendais plus prier ma crevette
Et l'Albert noyé dans son gouffre
Recueille les larmes des buffles.

Je contemplais la nature inquiète
S'envelopper drue d'un voile dardé
Sous l'âpre hiver des Monts-Bleus
Qui fendillaient mon âme non acérée.

Je regardais inquiet dans le ciel
S'éloigner des vols vertigineux
La paix, cette silhouette blanche
Vomie sans nul appoint.

Silence des tambours hurlant,
Silence des bagnes jadis branlant
Partout et au cœur des villages
Sent l'odeur d'étrange carnage !

C'était un simulacre mitraillé
Et de son effondrement fracassé
Et sombre dans une fumée atomique
Ne saurait se relever ce monstre mystique.

C'était assez que d'appeler
Des exilés mortifiés
Dans un pays enseveli
Dans l'abime ahuri.

« De mortuis nihil nisi bonum »

DANS LA FUMEE…

Dans la fumée insaisissable du feu
S'envole les âmes vers leur palais
De ses austères mains, comme la fée,
L'ouragan frôle le monde abstrait.

Dans la fumée insaisissable du feu
S'entend la rumeur des vivants,
Bagne importun calanchant les vivants,
Par une jalousie infernale et obnubilée.

D'un profond sommeil sans tourments,
L'homme n'est qu'une molécule mouvante,
Une fleur qui, à l'aurore est fleurissante,
Et, au crépuscule, flétrit non sans tourments.

La mort, est-ce ce pont frayé
Construit sur un océan féérique
Et cédant à un monde chimérique
Ou apparaissent des créatures non effrayée ?

J'aimerai voir ce merveilleux monde
Après le poids des âges vécus
Et des marées d'épreuves vaincues
Dans le défilé de ce monde immonde.

« Ne jamais défier l'homme d'un destin divin »

DAVID ET GOLIATH

De part et d'autres sur Térébinthe campés
Israélites contre Philistins assemblés
Impatiemment le coup de sifflet attendu
Ne voit pousser nul héros aux jours convenus.

Mais l'horizon peu à peu engendre un monstre
Casque, cuirasse et jambière, tel un rostre
De six coudées et d'un empan, le monstrueux
Aux dents sanglantes, au visage non peureux

Monstrueux, il avançait, à la lourde pointe
Javeline et lance à la tête, et sans crainte
S'écria : désignez-moi votre bel héros.
Israélites et Saül consternés sans repos
Devant ce Titan, baignés de grave frayeur
Au terrible jour de ce grand malheur.

Le fils de Jessé, de cette douleur sortit
Sans prévision ni programme bien établi
Sans javelot ni glaive ou bouclier à main
Courut à la rencontre du Philistin.

Fronde à main, dans le torrent, choisit cinq pierres
Et d'un bon jet, sur le géant lança une pierre
Qui d'une lissеté martyrisa le géant.

Et d'un bond monstrueux tomba gisant
Armé seulement de cailloux et d'une fronde
Le frêle berger triompha le géant immonde
Gorge tranchée, aussi renvoie dans les tartares
Monstre aux armes, exorcisé plein de tares.

« Memento mori »

UN ENVOL PATHETIQUE

Aurèle, cet honneur de la douce complainte
Corps inerte, pauvre Amour
Aujourd'hui ton souffle rompu et torche éteinte
T'en vas-tu, mort, quand saigne mon cœur ?

Vois comme aile basse, encore queue, pliée
Et sur mon cœur mes bras se tordre
Des larmes vont mouillant mes cheveux bien tressés
Ma bouche éclate en désordre.

De longs sanglots amers brûlent mon larynx
Au deuil de ta mort blême
Ainsi ont voulu les dieux, le destin même
Et le monstrueux sphinx.

Venus, dans sa retraite, pleure ton trépas
Et ne regrette pas moins, Aurèle
Par des chants des tigres vainqueurs des tourterelles
Ah ! Ce jour est ton dernier pas.

Vis pieux, mon Aurèle ; repose aux beaux temples
La Parque t'a eu arraché.
Aux dieux fions-nous : Aurèle couché,
Qu'en reste-t-il ? Immobile tempe !

C'est toi, Amour sacré, que la Mort arrache ?
    Ton cœur, s'envole dilué
Comme la fumée de l'or en poudre brulé
    Sous de mornes candaces.

Bacchus, dans son temple, détourna son visage
    Que mouillait un pleur continu
Tu t'en vas, Hérault, dans un monde inconnu
    Maze, ce lointain village.

Pourquoi malheureux en ces rudes froids polaires
    Te chanter ces amères mélodies ?
Qu'ici gisent en paix tes cendres refroidies
    Dans ces nouveaux mots de Voltaire.

MEMENISCENTIA

Dans la fumée, tout noir enveloppé
Au cœur d'une immense forêt
Fusillée de mille rayons solaires et
Sans arrêt, dans l'abîme mon cœur dardé

De lourds vents orientaux me suffoquant
Me harcèlent au bout d'un monde essoufflé
Mais effondré tel Titanic engouffré
Et où mon âme, sans nul appoint, gisant

Se voit réveillée à l'infusion d'antidote
Et du bond d'un requin en mer pourchassé
Mes pieds de bout à l'autre bien fendillés
Me portèrent à l'abri de mille menottes.

Poitrine ouverte et sur un sentier rocailleux
Et escorté de vitrines bien allongées
Culotte çà et là mordue et rongée
Et faussement damné d'un cœur crapuleux

A l'affût du bonheur rêvé, tête levée
Je vis une splendeur au-delà de l'horizon
Cet univers qui, le premier, reçut Jason
Me reçut à mon tour au soleil levant.

Banni et dans les arènes renvoyé
Je luttai le long des trottoirs quémandant

Et derrière le quai aux multiples passants
J'essuie les larmes aux moqueries bien payées.

Je suis cet opprimé hier martyrisé
Je suis ce malheureux hier hué
Je suis cet orphelin hier asphyxié
Je suis ce gosse hier rejeté

Mais aujourd'hui envié
Mais aujourd'hui bien gâté
Mais aujourd'hui honoré
Mais aujourd'hui miroité.

Hier dans les bagnes
        Aujourd'hui sur le trône
Hier envalé en campagne
        Aujourd'hui lui dans le pentagone.

La vie vaut la peine d'être vécue
Au-delà de ces vagues agaçant
Au cœur d'une mer aux vents menaçant
Tel le soupire et le renifle Camus.

LACRIMAS EFFUNDO...

Afrique debout, fureur avalée
La lune en cadence et engueulée
Au cœur des toisons, enfouie
Ricane ta puanteur engourdie.
Ta tête réchauffée mais calottée
Aux yeux fanés et ensanglantés
Saigne à long flot sur ta robe
Qui dès l'éclosion enrobe
Blême, les rayons de vents secs
Tel au réveil, un ouistiti au Québec.

Afrique muette et manchot
Afrique muselée dans ton cahot
Halte à ton onde saumâtre
Halte à ta fureur opiniâtre !

Où s'est évaporée cette cadence
Engendrée sans répugnance ?
Ta splendeur éteinte, ta peau vendue
A peine maintenant ta marche incongrue
Laisse entrevoir ta silhouette sombre
Qui se baigne profonde au cœur de ton ombre.

Afrique jadis aux canines vernissées
Afrique jadis aux Colosses vénérées
Afrique des Africains tout africains
Afrique de Mandela tout africain

Afrique écornée de Lumumba mordu
Afrique encore et à jamais perdue
Engouffrée dans les Tartares de ton ignominie
Submergée dans une fumée ahurie
Etouffée dans une descente subaquatique
Mais mortifiée dans sa tanière mystique !

Afrique à la vieillesse perdue
Afrique à la peau bien velue
Afrique à la jeunesse perdue
Afrique à la sorcellerie incongrue
Afrique, pour les dissensions, gisant
Afrique aux vices calanchant
Debout de ton ivresse hypnotique
Debout de ta turpitude illogique
Debout en ce jour faste
Debout de cette hibernation néfaste !

Où est ce vieillard aux yeux crevés
Où est ce malheureux dans un pneu enroulé
Où est ce griot au souffle aigre
Qui ricanait dans le feu ton vice aigre
Qui se débattait amer dans le feu
Feu de pneu allumé et douloureux
Feu sur un innocent langoureux
Feu au cœur d'un chemin scabreux
Feu qui éteint drastique ta tradition
Feu qui entrevoit notoire ta désolation ?

Je fonds en larme devant ton ombre effarée
Un continent aux races diversifiées
Un continent aux visions diversifiées
Un continent aux tares bien tricotées
Afrique des Africains tout africain
Afrique de Kadhafi tout africain
Afrique chancelante de vin exotique
Ecoute la voix murmurante et dysphorique
Noyée dans le flot de ta défaillance
Et éteinte de ton si précieux silence !

SANS RANCUNE

Une ombre…
Tout s'effondre,
Et mon espoir dessus,
Comme Icar dans l'azur.

Larmes aux yeux
Gémissements malheureux
Enfoncés de puanteur,
Drainant tout malheur,

Le ciel triste répand ses larmes
Et nul ne demande rien à ces armes
Fureur envoutée, univers éclipsé
Nul ne demande, nul ne s'est prononcé.

Triste est mon âme poignardée
Tristes sont les âmes ad patres
Blêmes, sur la terre des ancêtres
Renvoyées, sans nul appoint demandé.

Il est des nuits noires
Du dehors à ne pas voir ;
Il est des nuits sans noms, sans lune
Sans rythme, ni hymne.

Assis dépouillé dans les pièges
Nul ne prend rien : ici il brûle, là il flambe

Mouillé dans le mouroir, quel siège
Guillotine au cou, tout tremble !

Sourires et soupires en éclipse
Dans la bouche des muets pourrissent
Dans les yeux des lâches rougissent
Dans l'ombre immonde où tout mugit.

L'INNOCENT

J'ai vaincu ma douleur
Comme un bœuf à l'abattoir
S'avancer sur un aiguillon sans peur
Tout mon être languit de le voir.

Les années se diluent sous mes yeux
Comme dans les nuages sombres
S'effondrent les astres honteux
Pour séjourner dans des ombres.

Un jour je vis soudain
Un homme manchot
J'eus peur, mais sans dédain
Tête mouillée sous mon chapeau

Du sort lui infliger sans raison
Innocent, il l'était
Quand pour de viles raisons
Mornes, ses bras sont coupés.

Mais voici que la douleur
Au craintif visage
S'abat sur lui comme un malheur
Sur son cœur sauvage.

Sans amour si grand
S'engouffre à midi
Le soleil, astre errant,
Dans les nuages maudits.

Humain, mais tel un cheveu
Dans l'ardente flamme
Comme l'essence sur un pneu
Son âme flambe.

Noyé, dans un courant amer
Las, comme un lion pourchassé
De mille flèches aux coups amers
Il se noie tout hébété.

Mon cœur soucieux de son sort
Au fond de ce gouffre
Où tout sur son être languit fort
S'extasie, souffre.

Mais quand ses prunelles, aux cieux
Fixeront la Transcendance
Il s'évertuera tout joyeux
Sans compter cette souffrance.

J'ai vaincu ma douleur
Comme un bœuf à l'abattoir
S'avancer sur un aiguillon, sans peur
Tout mon être languit à le voir.

ILLUMINATION

Quand approche la fin d'années
Quand s'envolent les bêtes ailées
La peur infâme ploie l'âme hébétée.

Quand s'envole son sosie
Et vêtue d'une toge cramoisie
Est-ce bien là la voie choisie?

Quand le monde ira se rétrécissant
Quand bientôt ma voie finissant
Se dissoudra sous mes pieds versant

Quand mon cœur saisi d'amertume
S'étend blême sur la rosée de bitume
L'âme s'enrage de cette coutume.

Quand ma bouche ivre balbutiant
Et quand mes pensés hagards, errant
Sans cesse en extase soupirant

Quand inerte et froid mon corps
Dans sa pause noire de l'aurore
S'allonge sur son siège d'or

Quand le froid sur l'édredon chaud
Va à l'assaut de mes os
Et saisit mon corps déchaux

Quand mon souffle contre un poids lourd
S'évertue dans son voyage court
L'effroi me ploie sous un poids lourd.

Quand vient la Mort comme un assassin
Quand l'astre déjà prédisait mon destin
Mon être tourbillonne dans son sein.

LA CENDRE DEMEURE

Où la guerre tue
Pourrissent les corps vus
Nul n'est heureux.

Fileuse de deuils
Vêtue de feuilles
Amante gourmande.

Est-ce bien de mourir
D'une mort sans désir
Et de langueur infinie?

Heureux les exilés
Se figeant d'une bonté
Qui s'allie à la vie.

Viens me dire *paix*,
Paix au portefaix,
Paix aux meurtris.

O jeunesse perdue
Gageures tenues
Point de velléité.

Jeunesse du monde,
Fontaine sans immonde
Il sonne l'heure.

Il sonne, il sonne
Gendarmes en colonne
Fusils sur les épaules.

Halte à tout crime,
J’en fais mon dream
Sans un apparent spleen!

« When the power of love overcomes the love of power, the world will know peace ». JIMI HENDRIX

LA PAIX, BLANCHE COLOMBE

L'or azuré parcourt sa voie
L'as Congolais gît dans l'émoi
L'Afrique parle tous les mois
L'orbite terrestre est dans l'émoi.

La nature se dénature
Les bêtes migrent en aventure
Le Kivutien pleure son futur
Le Congolais dénature sa culture.

Ô rage ! Ô désespoir
Aura-t-on de l'espoir
Quel désespoir ?
Est-ce vraiment par vouloir ?

Regarde cette nouvelle lueur
Lueur vomie du gouffre
Gouffre plus glissant que les amères ondes
Onde des hommes immondes.

Regarde cette colombe
Colombe chantant la Justice
Colombe chantant la Paix
Colombe chantant le Travail.

La paix, toujours la paix
Revivons la paix
Conservons la paix
Citoyens, vivons la paix.

Lisons la charte de la paix
Aimons la paix
Nous voulons la PAIX
La paix, toujours la paix.

Je chante la paix
C'est cette colombe céleste
C'est cette eau fraîche
C'est cette rosée céleste.

La paix, toujours la paix
Paix qui dissimule l'obscurité
Paix qui étrangle la haine
Paix qui lunche l'infamie.

La paix, toujours la paix
Paix qui fond les baïonnettes
Paix qui fond les machettes
Paix qui fond les armes.

La paix, toujours la paix
Beni veut la paix
Butembo veut la paix
Bunia veut la paix.

La paix, enfin la paix
Le civil veut la paix
Le soldat veut la paix
Le politique veut la paix.

La paix, enfin la paix
Le Congo veut la paix
L'Afrique veut la paix
Le monde veut la paix
La paix, chantons tous la paix.

Chantons tous la paix
Chantons-la avec Nelson MANDELA
Chantons-la avec Mahatma GANDHI
Chantons-la avec Desmond TUTU
Chantons-la avec KOFFI ANNAN
Chantons-la avec Martin LUTHER.

LA PAIX, MON LOT

Je pleure et je gis,
Blême des morts endormis
Innocents martyrisés de l'Ituri
Ma foi ! Quelle douleur ressentie ?
    Calvaire !

De l'Est à l'Ouest le sang
Du Nord au Sud le sang
Partout explosent
Des bombes aux humeurs moroses
    Calvaire !

Je pleure et je gis
Suffoqué de pleurs magiques
Au fond des bananeraies pourries
Au bombillement des tornades ahuris
    Douleur !

Dans l'estomac, l'effroi
Dans le cœur, la douleur
Menotté de frayeur
Tout l'être gît dans le froid
    Douleur !

De dos d'aigles envolés
S'envolent les âmes vers l'infini
Et sur Kivu meurtri

Des bourreaux aux têtes voilées
    Misère !

Le gémissement étouffé
De ces femmes violées
La vie étranglée
De ces âmes effondrées
Crient leur rage
    Calvaire !

La guerre ne bâtit guère
Mais engendre : Calvaire
Au cœur d'une misère
Qui engendre malheur
La paix, mon lot.

IL SONNE…

Sur la colline sacrée de Nyakasanza
Bordée de lauriers débranchés
Où pavanent mille pieds nus
Dans les rues bordées de toits pavoisés,
Dans les rues ruilées de soleils ardents
Dans les rues fendillant les pieds moqueurs
Il sonne le réveil.

Sur la colline sacrée de Mudzi-Maria
Bordée d'immense forêt alléchée
Aux doux vents engouffrés et frémissant
Frémissant les âmes démoniaques,
Frémissant les esprits dépersonnalisés
Frémissant le Monstre effrayant
Il sonne le réveil.

Rouge au versant des Monts-Bleus
Rouge dans les entrailles poignardées de Djugu
Rouge dans la gueule mitraillée d'Ituri
Rouge tel l'océan avalant Kivu
Rouge dans les champs verdoyant
Rouge sur les tombes aplanies.

La lune pâle de sa retraite éclaire froide
Le soleil trahi sourit à peine
Les étoiles ne semblent crincrinner les violons
Terre maudite? Pêches non confesses?

Quel cachot du désespoir où diluées
Les âmes s'entrechoquent dans l'azur révolté?
Il sonne l'heure de s'embrasser
Il sonne l'engendrement mutuel
Il sonne l'heure de réconciliation
Il sonne l'heure de becqueter l'Emule
Il sonne l'heure de darder le Mal
Il sonne l'heure de mordre la dissension.

Afrique, réveille-toi à ce bombillement
Congo, délivre-toi de ton malheur
Ituri, réveille-toi de ton lit mortuaire
Kivu, t'endors-tu encore dans ton lit meurtri?
Halte à l'exotique folie criminelle
Halte au somnifère infernal !

TABLE DES MATIERES

Printed by Books on Demand GmbH, Norderstedt / Germany